국민연금공단

필기시험 모의고사

[6급갑 전산직]

제 2 회		
	영 역	직업기초능력평가, 종합직무지식평가
	문항수	60문항, 50문항
	시 간	60분, 50분
	비 고	객관식 4지선다형, 객관식 5지선다형

SEOWONGAK
(주)서원각

제 2 회 기출동형 모의고사

문항수 : 110문항
시 간 : 110분

직업기초능력평가(60문항/60분)

1. 다음은 △△여행적금에 대한 설명이다. 다음을 바르게 이해한 것은?

〈△△여행적금〉

① 상품특징
- △△여행사 제휴를 통한 여행상품 할인!
- 여행비가 필요할 때 특별중도해지 혜택까지!

② 가입대상
- 실명인 개인

③ 상품구성
- 물레방아적금(자유적립식)

④ 계약기간
- 대상예금별 가입기간 이내에서 월단위로 선택

⑤ 금리

가입기간	기본금리
3개월 이상 ~ 6개월 미만	1%
6개월 이상 ~ 12개월 미만	1%
12개월 이상 ~ 24개월 미만	1.4%
24개월 이상 ~ 36개월 미만	1.45%
36개월 이상 ~ 48개월 미만	1.5%
48개월 이상 ~ 60개월 미만	1.5%
60개월 이상	1.5%

⑥ 우대금리

우대금리	이율
△△은행 급여통장 가입고객 정기 예/적금 인터넷 신규 시 우대금리	0.1%p

- 우대금리는 지점별로 다를 수 있으며 자세한 내용은 가입영업점에 확인하시기 바랍니다.

⑦ 주요 특징
- 우대금리 적용 (세부기준은 조합별로 정함)
- 부기명 메모 서비스 : 여행 목적지 또는 단체명
- △△여행사 제휴 여행상품 할인서비스
  - 해외 상품 이용시 2% ~ 최고 5% 이내
  - 할인대상 : 본인 및 동반자
- 특별 중도해지 서비스
  - 계약기간 1/2 이상 경과한 후 여행비용을 필요로 중도해지하는 경우 당초 약정 이율 적용
  - △△여행사 여행상품 이용 시에만 서비스가능(여행계약서 또는 견적서 지참)
- 여행비용 선대출 서비스 (세부기준은 조합별로 정함) : 최고 500만원 이내

① 지정 여행사를 사용할 시에는 여행비용 목적으로 중도해지 시 당초 약정 이율을 받을 수 있다.

② △△은행 급여통장 가입고객이면 적금 인터넷 신규 시 1%p를 받을 수 있다.

③ △△여행적금 가입 시 지정 여행사의 제휴 여행상품을 할인받을 수 있다.

④ 가입기간이 12개월인 사람과 24개월인 사람은 동일 금리가 적용된다.

2. 다음 공고의 내용에서 밑줄 친 단어의 한자 표기가 적절하지 않은 것은?

〈국가융복합단지 연계 지역기업 상용화 R&D 지원계획 공고〉

지역산업 경쟁력 강화 및 지역경제 활성화를 위해 중소벤처기업부에서 추진하고 있는「국가융복합단지 연계 지역기업 상용화 R&D」 지원계획을 다음과 같이 공고하오니, 지역의 기업 및 기관들의 많은 참여를 바랍니다.

□ 신청자격
- ㉠ <u>주관</u>기관 : 사업공고일 기준 해당 시 · 도 국가혁신융복합단지에 사업장 또는 기업부설연구소를 보유 중인 중소기업
  - * 일반사업장 : 부가가치세법 제6조(납세지), 같은 법 시행령 제8조(사업장)에 근거하여 '사업자등록증'의 소재지 기준으로 신청자격 판단
  - * 부설연구소 : 한국산업기술진흥협회의 '기업부설연구소 인증서'의 소재지 기준(유효기간 포함)으로 신청자격 ㉡ <u>판단</u>
- 참여기관 : 전국에 ㉢ <u>소재</u>하는 중소기업, 대학, 연구기관, TP, 지역특화 · 혁신센터, 지자체연구소 등 공동연구 수행 가능 기관
  - * 대기업은 주관 · 참여기관으로 ㉣ <u>참여</u> 불가능
  - * 컨소시엄의 경우, 모든 참여기관이 주관기관과 동일한 지역(광역 시 · 도)에 소재하면 가점 5점 부여(사업자등록증, 기업부설연구소 인증서 기준 판단)

① ㉠ 主觀

② ㉡ 判斷

③ ㉢ 所在

④ ㉣ 參與

3. 〈보기〉를 참조할 때, ㉠과 유사한 예로 볼 수 없는 것은?

> 어머니가 세탁기 버튼을 눌러 놓고는 텔레비전 드라마를 보고 있다. 우리가 이러한 모습을 볼 수 있는 이유는 바로 전자동 세탁기의 등장 때문이다. 전자동 세탁기는 세탁조 안에 탈수조가 있으며 탈수조 바닥에는 물과 빨랫감을 회전시키는 세탁판이 있다. 그리고 세탁조 밑에 클러치가 있는데, 클러치는 모터와 연결되어 있어서 모터의 힘을 세탁판이나 탈수조에 전달한다. 마이크로 컴퓨터는 이 장치들을 제어하여 빨래를 하게 한다. 그렇다면 빨래로부터 주부들의 ㉠손을 놓게 한 전자동 세탁기는 어떻게 빨래를 하는가?

〈보기〉

㉠은 '손(을)'과 '놓다'가 결합하여, 각 단어가 지닌 원래 의미와는 다른 새로운 의미, 즉 '하던 일을 그만두거나 잠시 멈추다.'의 뜻을 나타낸다. 이렇게 두 개 이상의 단어가 만나 새로운 의미를 가지는 경우가 있다.

① 어제부터 모두들 그 식당에 발을 끊었다.
② 조용히 눈을 감고 미래의 자신의 모습을 생각했다.
③ 결국은 결승전에서 우리 편이 무릎을 꿇었다.
④ 장에 가신 아버지가 오시기를 목을 빼고 기다렸다.

4. 다음과 같은 내용의 모집 공고문 초안을 검토한 팀장은 몇 가지 누락된 사항이 있음을 지적하였다. 다음 중 팀장이 지적한 사항으로 보기 어려운 것은?

제8기 국민연금 대학생 홍보대사 모집

■ 지원자격 : 국내 대학 재학생(휴학생 포함)
※ 타 기업(기관) 홍보대사 지원 불가
※ 2차 면접전형 시 재학증명서 제출 필수
■ 지원방법 : 국민연금공단 홈페이지(www.nps.or.kr)에서 지원서를 다운로드하여 작성 후 이메일(npcb0000@nps.or.kr)로 제출. 접수마감일(1월 23일) 18:00 도착 분까지 유효
■ 모집 및 활동 일정
• 지원기간 : 2018년 1월 17일(수)~1월 23일(화)
• 1차 합격자 발표 : 2018년 2월 1일(금), 오후 3시(15시) 홈페이지 게시
• 2차 면접전형일정 : 2018년 2월 7일(수)~9일(금) 중, 면접기간 개별 안내
• 최종 합격자 발표 : 2018년 2월 12일(월), 오후 3시(15시) 홈페이지 게시
• 발대식(오리엔테이션) : 2018년 2월 21일(수)~22일(목), 1박 2일
• 활동기간 : 2018년 3월~8월(약 6개월)
• 정기회의 : 매월 마지막 또는 첫주 금요일 오후 1시
※ 상기 일정은 공단 사정에 따라 변동될 수 있습니다.

① 선발인원
② 문의처
③ 활동비 지급 내역
④ 활동 내역

| 5~6 | 다음은 어느 회사 홈페이지에서 안내하고 있는 사회보장의 정의에 대한 내용이다. 물음에 답하시오.

• '사회보장'이라는 용어는 유럽에서 실시하고 있던 사회보험의 '사회'와 미국의 대공황 시기에 등장한 긴급경제보장위원회의 '보장'이란 용어가 합쳐져서 탄생한 것으로 알려져 있다. 1935년에 미국이 「사회보장법」을 제정하면서 법률명으로서 처음으로 사용되었고, 이후 사회보장이라는 용어는 전 세계적으로 ㉠통용되기 시작하였다.
• 제2차 세계대전 후 국제노동기구(ILO)의 「사회보장의 길」과 영국의 베버리지가 작성한 보고서 「사회보험과 관련 서비스」 및 프랑스의 라로크가 ㉡책정한 「사회보장계획」의 영향으로 각국에서 구체적인 사회정책으로 제도화되기 시작하였다.
• 우리나라는 1962년 제5차 개정헌법 제30조 제2항에서 처음으로 '국가는 사회보장의 증진에 노력하여야 한다'고 규정하여 국가적 의무로서 '사회보장'을 천명하였고, 이에 따라 1963년 11월 5일 법률 제1437호로 전문 7개조의 「사회보장에 관한 법률」을 제정하였다.
• '사회보장'이라는 용어가 처음으로 사용된 시기에 대해서는 대체적으로 의견이 일치하고 있으며 해당 용어가 전 세계적으로 ㉢파급되어 사용하고 있음에도 불구하고, '사회보장'의 개념에 대해서는 개인적, 국가적, 시대적, 학문적 관점에 따라 매우 다양하게 인식되고 있다.
• 국제노동기구는 「사회보장의 길」에서 '사회보장'은 사회구성원들에게 발생하는 일정한 위험에 대해서 사회가 적절하게 부여하는 보장이라고 정의하면서, 그 구성요소로 전체 국민을 대상으로 해야 하고, 최저생활이 보장되어야 하며 모든 위험과 사고가 보호되어야 할뿐만 아니라 공공의 기관을 통해서 보호나 보장이 이루어져야 한다고 하였다.
• 우리나라는 사회보장기본법 제3조 제1호에 의하여 "사회보장"이란 출산, ㉣양육, 실업, 노령, 장애, 질병, 빈곤 및 사망 등의 사회적 위험으로부터 모든 국민을 보호하고 국민 삶의 질을 향상 시키는데 필요한 소득·서비스를 보장하는 사회보험, 공공부조, 사회서비스를 말한다'라고 정의하고 있다.

5. **사회보장에 대해 잘못 이해하고 있는 사람은?**

① 영은 : '사회보장'이라는 용어가 법률명으로 처음 사용된 것은 1935년 미국에서였대.

② 원일 : 각국에서 사회보장을 구체적인 사회정책으로 제도화하기 시작한 것은 제2차 세계대전 이후구나.

③ 지민 : 사회보장의 개념은 어떤 관점에서 보느냐에 따라 매우 다양하게 인식될 수 있겠군.

④ 정현 : 국제노동기구의 입장에 따르면 개인에 대한 개인의 보호나 보장 또한 사회보장으로 볼 수 있어.

6. **밑줄 친 단어가 한자로 바르게 표기된 것은?**

① ㉠ 통용 – 通容

② ㉡ 책정 – 策正

③ ㉢ 파급 – 波及

④ ㉣ 양육 – 羊肉

7. **다음 토론의 '입론'에 대한 이해로 적절하지 못한 것은?**

찬성 1 : 저는 한식의 표준화가 필요하다고 생각합니다. 이를 위해 한국을 대표하는 음식들의 조리법부터 표준화해야 합니다. 한식의 조리법은 복잡한 데다 계량화되어 있지 않은 경우가 많아서 조리하는 사람에 따라 많은 차이가 나게 됩니다. 게다가 최근에는 한식 고유의 맛과 모양에서 많이 벗어난 음식들까지 등장하여 한식 고유의 맛과 정체성을 흔들고 있습니다. 따라서 한국을 대표하는 음식들부터 식자재 종류와 사용량, 조리하는 방법 등을 일정한 기준에 따라 통일해 놓으면 한식 고유의 맛과 정체성을 지키는 데 큰 도움이 될 것입니다.

반대 2 : 한식의 표준화가 획일화를 가져와 한식의 다양성을 훼손할 수 있다는 생각은 안 해 보셨나요?

찬성 1 : 물론 해 보았습니다. 한식의 표준화가 한식의 다양성을 훼손할 수도 있지만, 한식 고유의 맛과 정체성을 지키기 위해서는 꼭 필요한 일입니다.

사회자 : 찬성 측 토론자의 입론과 이에 대한 교차 조사를 잘 들었습니다. 이어서 반대 측 토론자가 입론을 해 주시기 바랍니다.

반대 1 : 한식 고유의 맛과 정체성은 다른 데 있는 게 아니라 조리하는 사람의 깊은 손맛에 있다고 봅니다. 그런데 한식을 섣불리 표준화하면 이러한 한식 고유의 손맛을 잃어 버려 한식 고유의 맛과 정체성이 오히려 더 크게 훼손될 것입니다.

찬성 1 : 한식 조리법을 표준화하면 손맛을 낼 수 없다는 말씀이신가요?

반대 1 : 손맛은 조리하는 사람마다의 경험과 정성에서 우러나오는 것인데, 조리법을 표준화하면 음식에 이러한 것들을 담기 어려울 것입니다.

사회자 : 이어서 찬성과 반대 측 토론자의 두 번째 입론을 시작하겠습니다. 교차 조사도 함께 진행해 주시기 바랍니다.

찬성 2 : 저는 한식의 표준화가 한식의 세계화를 위해서도 꼭 필요하다고 생각합니다. 최근 케이팝(K-pop)과 드라마 등 한국 대중문화가 세계 속에 널리 알려지면서 우리 음식에 대한 세계인들의 관심이 점점 높아지고 있는데, 한식의 조리법이 표준화되어 있지 않아서 이것이 한식의 세계화에 걸림돌이 되고 있습니다. 얼마 전 외국의 한식당에 가 보니 소금에 절이지도 않은 배추를 고춧가루 양념에만 버무려 놓고, 이것을 김치로 판매하고 있더군요. 이런 문제들이 해결되어야 한식의 세계화가 원활하게 이루어질 것입니다.

반대 1 : 그것은 한식의 표준화보다 정책 당국의 관심과 적극적인 홍보를 통해 해결할 수 있는 문제가 아닐까요?

찬성 2 : 물론 그렇습니다. 그런데 한식의 표준화가 이루어져 있다면 정부의 홍보도 훨씬 쉬워질 것입니다.

반대 2 : 표준화가 되어 있지 않아도 외국에서 큰 호응을 얻고 있는 한식당들이 최근 점점 늘어가고 있습니다. 이런 추세를 감안할 때, 한식의 표준화가 한식의 세계화를 위해 꼭 필요한 것은 아니라고 생각합니다. 인도는 카레로 유명한 나라지만 표준화된 인도식 카레 같은 것은 없지 않습니까? 그리고 음식의 표준을 정한다는 것도 현실적으로 가능한 것인지 모르겠습니다. 세계인들의 입맛은 우리와 다르고 또 다양할 텐데 한식을 표준화하는 것은 오히려 한식의 세계화를 어렵게 할 수 있습니다.

① '찬성 1'은 한식 조리법의 특성과 최근의 부정적 상황을 논거로 제시하고 있다.

② '반대 1'은 한식의 표준화가 초래할 수 있는 부작용을 논거로 제시하고 있다.

③ '찬성 2'는 한식의 표준화가 여러 대안들 중 최선의 선택이라는 점을 부각하고 있다.

④ '반대 2'는 현황과 사례를 들어 한식의 표준화가 필요하지 않다는 논지를 강화하고 있다.

8. 다음 메모와 관련된 내용으로 옳지 않은 것은?

> MEMO
> To : All Staff
> From : Robert Burns
> Re : Staff meeting
> This is just to remind everyone about the agenda for Monday's meeting. The meeting will be a combination of briefing and brainstorming session, Please come prepared to propose ideas for reorganizing the office! And remember that we want to maintain a positive atmosphere in the meeting. We don't criticize any ideas you share. All staff members are expected to attend meeting!

① 전 직원들에게 알리는 글이다.
② 간부들만 회의에 참석할 수 있음을 알리는 글이다.
③ 회의는 브리핑과 브레인스토밍 섹션으로 구성될 것이다.
④ 사무실 재편성에 관한 아이디어에 관한 회의가 월요일에 있을 것이다.

▌9~10▐ 다음 글을 읽고 물음에 답하시오.

> (가) 바야흐로 "21세기는 문화의 세기가 될 것이다."라는 전망과 주장은 단순한 바람의 차원을 넘어서 보편적 현상으로 인식되고 있다. 이러한 현상은 세계 질서가 유형의 자원이 힘이 되었던 산업사회에서 눈에 보이지 않는 무형의 지식과 정보가 경쟁력의 원천이 되는 지식 정보 사회로 재편되는 것과 맥을 같이 한다.
> (나) 지금까지의 산업사회에서 문화와 경제는 각각 독자적인 영역을 유지해 왔다. 그러나 지식정보사회에서는 경제성장에 따라 소득 수준이 향상되고 교육 기회가 확대되면서 물질적 풍요를 뛰어넘는 삶의 질을 고민하게 되었고, 모든 재화와 서비스를 선택할 때 기능성을 능가하는 문화적, 미적 가치를 고려하게 되었다.
> (다) 이제 문화는 배부른 자나 유한계급의 전유물이 아니라 생활 그 자체가 되었다. 고급문화와 대중문화의 경계가 무너지고 장르 간 구분이 모호해지면서 서로 다른 문화가 뒤섞여 새로운 문화가 생겨나고 있다. 이렇게 해서 나타나는 퓨전 문화가 대중적 관심을 끌고 있는 가운데 이율배반적인 것처럼 보였던 문화와 경제의 공생 시대가 열린 것이다.
> (라) 특히 경제적 측면에서 문화는 고전 경제학에서 말하는 생산의 3대 요소인 토지 · 노동 · 자본을 대체하는 생산 요소가 되었을 뿐만 아니라 경제적 자본 이상의 주요한 자본이 되고 있다.

9. 주어진 글의 내용과 일치하지 않는 것은?

① 문화와 경제가 서로 도움이 되는 보완적 기능을 하는 공생 시대가 열렸다.
② 산업사회에서 문화와 경제는 각각 독자적인 영역을 유지해 왔다.
③ 고급문화와 대중문화가 각자의 영역을 확고히 굳히며 그 깊이를 더하고 있다.
④ 경제적 측면에서 문화는 생산 요소이며 주요한 자본이 되고 있다.

10. 주어진 글의 흐름에서 볼 때 아래의 글이 들어갈 적절한 곳은?

> 뿐만 아니라 정보통신이 급격하게 발달함에 따라 세계 각국의 다양한 문화를 보다 빠르게 수용하면서 문화적 욕구와 소비를 가속화시켰고, 그 상황 속에서 문화와 경제는 서로 도움이 되는 보완적 기능을 하게 되었다.

① (가) 앞
② (가)와 (나) 사이
③ (나)와 (다) 사이
④ (다)와 (라) 사이

11. **다음 글을 근거로 판단할 때 옳지 않은 것은?**

> ㅁㅁ학과는 지망자 5명(A~E) 중 한 명을 교환학생으로 추천하기 위하여 각각 5회의 평가를 실시하고, 그 결과에 바탕을 둔 추첨을 하기로 했다. 평가 및 추첨 방식과 현재까지 진행된 평가 결과는 아래와 같다.
>
> - 매 회 100점 만점으로 10점 단위의 점수를 매기며, 100점을 얻은 지망자에게는 5장의 카드, 90점을 얻은 지망자에게는 2장의 카드, 80점을 얻은 지망자에게는 1장의 카드를 부여한다. 70점 이하를 얻은 지망자에게는 카드를 부여하지 않는다.
> - 5회차 평가 이후 각 지망자는 자신이 받은 모든 카드에 본인의 이름을 적고, 추첨함에 넣는다. 다만 5번의 평가의 총점이 400점 미만인 지망자는 본인의 카드를 추첨함에 넣지 못한다.
> - ㅁㅁ학과장은 추첨함에서 한 장의 카드를 무작위로 뽑아 카드에 이름이 적힌 지망자를 ㅁㅁ학과의 교환학생으로 추천한다.

구분	1회	2회	3회	4회	5회
A	90	90	90	90	
B	80	80	70	70	
C	90	70	90	70	
D	70	70	70	70	
E	80	80	90	80	

① 5회차에서 B만 100점을 받는다면 적어도 D보다는 추천될 확률이 높다.

② C가 5회차에서 90점만 받아도 E보다 추천될 확률이 높아진다.

③ D는 5회차 평가 점수와 관계없이 추첨함에 카드를 넣지 못한다.

④ 5회차에 모두가 같은 점수를 받는다면 A가 추천될 확률이 가장 높다.

12. **A, B, C 세 명은 직업을 두 가지씩 갖고 있는데, 직업의 종류는 피아니스트, 교수, 변호사, 펀드매니저, 작가, 자영업자의 여섯 가지이다. 이들 세 명에 대해 다음에 서술된 조건을 알고 있는 경우, A의 직업으로 옳은 것은?**

> - 피아니스트는 변호사로부터 법률적인 자문을 받았다.
> - 자영업자와 작가와 A는 등산동호회 멤버이다.
> - B는 작가로부터 여러 권의 시집을 선물로 받았다.
> - B와 C와 피아니스트는 죽마고우이다.
> - 자영업자는 펀드매니저에게 투자 상담을 받았다.
> - 펀드매니저는 피아니스트의 누이와 결혼을 약속하였다.

① 피아니스트, 교수　② 변호사, 자영업자

③ 피아니스트, 펀드매니저　④ 교수, 변호사

13. **다음 글과 〈상황〉을 근거로 판단할 때, 甲정당과 그 소속 후보자들이 최대로 실시할 수 있는 선거방송 시간의 총합은?**

> - △△국 의회는 지역구의원과 비례대표의원으로 구성된다.
> - 의회의원 선거에서 정당과 후보자는 선거방송을 실시할 수 있다. 선거방송은 방송광고와 방송연설로 이루어진다.
> - 선거운동을 위한 방송광고는 비례대표의원 후보자를 추천한 정당이 방송매체별로 각 15회 이내에서 실시할 수 있으며, 1회 1분을 초과할 수 없다.
> - 후보자는 방송연설을 할 수 있다. 비례대표의원 선거에서는 정당별로 비례대표의원 후보자 중에서 선임된 대표 2인이 각각 1회 10분 이내에서 방송매체별로 각 1회 실시할 수 있다. 지역구의원 선거에서는 각 후보자가 1회 10분 이내, 방송매체별로 각 2회 이내에서 실시할 수 있다.
>
> 〈상황〉
>
> - △△국 방송매체로는 텔레비전 방송사 1개, 라디오 방송사 1개가 있다.
> - △△국 甲정당은 의회의원 선거에서 지역구의원 후보 100명을 출마시키고 비례대표의원 후보 10명을 추천하였다.

① 2,070분　② 4,050분

③ 4,070분　④ 4,340분

14. **당신의 팀은 본부 내 다른 팀과 비교하였을 때 계속 실적이 떨어지는 추세를 보이고 있다. 곰곰이 따져 다음과 같은 여러 가지 팀 내 현상을 정리한 당신은 실적 하락의 근본 원인을 찾아 들어가 도식화하여 팀장에게 보고하려 한다. 다음 중 현상 간의 인과관계를 따져볼 때 당신이 ㉢에 입력할 내용으로 가장 적절한 것은?**

> - 팀장이 항상 너무 바쁘다.
> - 팀장의 팀원 코칭이 불충분하다.
> - 팀원의 업무 숙련도가 떨어진다.
> - 팀장은 대부분 업무를 본인이 직접 하려 한다.
> - 팀에 할당되는 업무가 매우 많다.

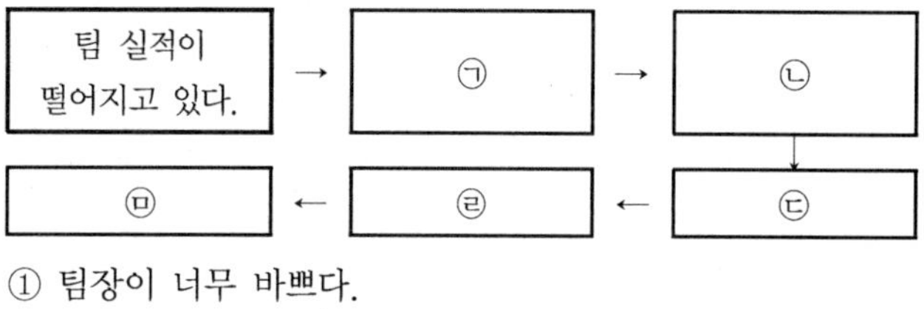

① 팀장이 너무 바쁘다.

② 팀장의 팀원 코칭이 불충분하다.

③ 팀원의 업무 숙련도가 떨어진다.

④ 팀장은 대부분 업무를 본인이 직접 하려 한다.

15. 다음과 같이 예산이 소요되는 다섯 개의 프로젝트가 있다. 이 프로젝트들은 향후 5년간 모두 완수되어야 한다. 연도별 가용 예산과 규정은 다음과 같다. 이 내용을 해석하여 바르게 설명한 것은?

〈프로젝트별 기간 및 소요 예산〉

- A 프로젝트 – 총 사업기간 2년, 1차년도 1억 원, 2차년도 4억 원 소요
- B 프로젝트 – 총 사업기간 3년, 1차년도 15억 원, 2차년도 18억 원, 3차년도 21억 원 소요
- C 프로젝트 – 총 사업기간 1년, 15억 원 소요
- D 프로젝트 – 총 사업기간 2년, 1차년도 15억 원, 2차년도 8억 원 소요
- E 프로젝트 – 총 사업기간 3년, 1차년도 6억 원, 2차년도 12억 원, 3차년도 24억 원 소요

〈연도별 가용 예산〉

- 1차년도 – 20억 원
- 2차년도 – 24억 원
- 3차년도 – 28억 원
- 4차년도 – 35억 원
- 5차년도 – 40억 원

〈규정〉

- 모든 사업은 시작하면 연속적으로 수행하여 끝내야 한다.
- 모든 사업은 5년 이내에 반드시 완료하여야 한다.
- 5개 프로젝트에 할당되는 예산은 남는 것은 상관없으나 부족해서는 안 되며, 남은 예산은 이월되지 않는다.

① A, D 프로젝트를 첫 해에 동시에 시작해야 한다.
② B 프로젝트를 세 번째 해에 시작하고, C 프로젝트는 최종 연도에 시행한다.
③ 첫 해에는 D 프로젝트를 수행해야 한다.
④ 첫 해에는 E 프로젝트만 수행해야 한다.

16. 연금급여실 최 과장은 국민연금 가입률을 조사하기 위해 A, B 두 지역의 가구 수를 다음과 같이 조사하였다. 조사 자료를 보고 최 과장이 판단한 내용 중 옳은 것으로만 모두 고른 것은?

〈지역별 가구 형태 분포〉

(단위 : 가구)

구분	총 가구 수	1인 가구 수	1세대 가구 수	2세대 가구 수	3세대 이상 가구 수
A지역	10,000	3,000	4,000	2,500	500
B지역	8,000	3,500	4,000	400	100

㉠ A지역이 B지역보다 핵가족 수가 적다.
㉡ A지역이 B지역보다 총 인구수가 적다.
㉢ 1인 가구 총 인구수는 A지역이 B지역보다 적다.
㉣ 1세대 가구의 비율은 A지역보다 B지역이 더 높다.

① ㉢, ㉣
② ㉠, ㉢
③ ㉡, ㉣
④ ㉠, ㉡

17. 다음의 글을 읽고 박 대리가 저지른 실수를 바르게 이해한 것은?

직장인 박 대리는 매주 열리는 기획회의에서 처음으로 발표를 할 기회를 얻었다. 박 대리는 자신이 할 수 있는 문장실력을 총 동원하여 4페이지의 기획안을 작성하였다. 기획회의가 열리고 박 대리는 기획안을 당당하게 읽기 시작하였다. 2페이지를 막 읽으려던 때, 부장이 한 마디를 했다. "박 대리, 그걸 전부 읽을 셈인가? 결론이 무엇인지만 말하지." 그러자 박 대리는 자신이 작성한 기획안을 전부 발표하지 못하고 중도에 대충 결론을 맺어 발표를 마무리하게 되었다.

① 박 대리의 기획안에는 첨부파일이 없었다.
② 박 대리의 발표는 너무 시간이 길었다.
③ 박 대리의 기획안에는 참신한 아이디어가 없었다.
④ 박 대리의 발표는 간결하지 못하고 시각적인 부분이 부족했다.

18. **다음은 늘푸른 테니스회 모임의 회원명단이다. 적당한 분류법에 대한 설명 중 가장 적절한 것은?**

금철영	손영자	한미숙	정민주	허민홍
김상진	나영주	채진경	박일주	송나혜
남미영	송진주	이기동	임창주	이종하
백승일	하민영	박종철	강철민	고대진

① 남녀 구분한 후 명칭별로 정리하여 색인 카드가 필요하다.

② 지역별로 분류한 다음에 명칭별로 구분하여 장소에 따른 문서의 집합이 가능하다.

③ 명칭별 분류에 따라 정리하여 색인이 불필요하다.

④ 주민등록번호별 정리방법을 이용하여 회원의 보안성을 유지하도록 한다.

▮19~20▮ 다음은 국민연금의 사업장 가입자 자격취득 신고와 관련한 내용의 안내 자료이다. 다음을 읽고 이어지는 물음에 답하시오.

가. 신고대상

(1) 18세 이상 60세 미만인 사용자 및 근로자(단, 본인의 신청에 의해 적용 제외 가능)

(2) 단시간근로자로 1개월 이상, 월 60시간(주 15시간) 이상 일하는 사람

(3) 일용근로자로 사업장에 고용된 날부터 1개월 이상 근로하고, 근로일수가 8일 이상 또는 근로시간이 월 60시간 이상인 사람

※ 단, 건설일용근로자는 공사현장을 사업장 단위로 적용하며, 1개월간 근로일수가 20일 이상인 경우 사업장 가입자로 적용

(4) 조기노령연금 수급권자로서 소득이 있는 업무에 종사하거나, 본인이 희망하여 연금지급이 정지된 사람

※ 소득이 있는 업무 종사 : 월 2,176,483원(2017년 기준, 사업소득자 필요경비 공제 후 금액, 근로소득자 근로 소득공제 후 금액)이 넘는 소득이 발생되는 경우

(5) 월 60시간 미만인 단시간근로자 중 생업목적으로 3개월 이상 근로를 제공하기로 한 대학 시간강사 또는 사용자 동의를 받아 근로자 적용 희망하는 사람

나. 근로자의 개념

(1) 근로자 : 직업의 종류에 관계없이 사업장에서 노무를 제공하고 그 대가로 임금을 받아 생활하는 자(법인의 이사, 기타 임원 포함)

(2) 근로자에서 제외되는 자

- 일용근로자나 1개월 미만의 기한을 정하여 사용되는 근로자

※ 다만, 1개월 이상 계속 사용되는 경우에는 자격 취득신고 대상임

- 법인의 이사 중 「소득세법」에 따른 근로소득이 발생하지 않는 사람
- 1개월 동안의 소정근로시간이 60시간 미만인 단시간근로자. 다만, 해당 단시간근로자 중 생업을 목적으로 3개월 이상 계속하여 근로를 제공하는 사람으로서, 대학 시간강사와 사용자의 동의를 받아 근로자로 적용되기를 희망하는 사람은 제외함
- 둘 이상 사업장에 근로를 제공하면서 각 사업장의 1개월 소정근로시간의 합이 60시간 이상인 사람으로서 1개월 소정근로시간이 60시간 미만인 사업장에서 근로자로 적용되기를 희망하는 사람(2016. 1. 1. 시행)

(3) 생업 목적 판단 기준 : 생업 목적은 원칙적으로 "다른 직업이 없는 경우"를 말하며, 다음의 경우에는 다른 직업이 있는 것으로 보아 생업 목적에 해당되지 않음

- 국민연금 사업장가입자로 이미 가입되어 있거나,
- 국민연금 지역가입자(소득신고자에 한함)로 사업자등록자의 경우 또는 다른 공적소득이 많은 경우

다. 자격취득시기

(1) 사업장이 1인 이상의 근로자를 사용하게 된 때

(2) 국민연금 적용사업장에 근로자 또는 사용자로 종사하게 된 때

(3) 임시 · 일용 · 단시간근로자가 당연적용 사업장에 사용된 때 또는 근로자로 된 때

(4) 국민연금 가입사업장의 월 60시간 미만 단시간근로자 중 생업을 목적으로 3개월 이상 근로를 제공하는 사람(대학 시간강사 제외)의 가입신청이 수리된 때

(5) 둘 이상의 사업장에서 1개월 소정근로시간의 합이 60시간 이상이 되는 단시간근로자의 가입신청이 수리된 때

※ 신고를 하지 않는 경우 근로자의 청구 또는 공단 직권으로 확인 시 자격 취득

19. **다음 중 위 안내 자료의 내용을 올바르게 이해한 것은 어느 것인가?**

① 근로일수가 8일 이상인 건설일용근로자는 신고대상이 된다.

② 월 300만 원의 세후 소득이 있는 조기노령연금 수급권자는 신고대상이 될 수 없다.

③ 근로시간이 월 70시간인 1년 계약 대학 시간강사는 신고대상이 될 수 있다.

④ 지역가입자 중 공적소득이 많은 것으로 인정되는 자는 근로자의 개념에 포함되지 않는다.

20. 다음 보기에 제시된 사람 중 국민연금 사업장 가입자 자격 취득 신고를 해야 하는 사람은 누구인가?

① 두 개의 사업장에서 도합 60시간 근로하는 사람으로 추가 사업장에서 매주 2시간씩의 근로를 제공하는 근로자가 되기를 희망하는 자
② 월 50시간, 3개월 계약 조건을 맺은 생업을 목적으로 한 대학 시간강사
③ 근로계약 기간을 연장 없이 처음부터 1개월 미만으로 정하고 근로를 시작한 근로자
④ K사(법인)의 명예직 전무이사로 소득이 발생하지 않는 자

21. 다음 중 엑셀 사용 시의 원본 데이터와 서식에 의한 결과 데이터가 올바르게 연결되지 않은 것은 어느 것인가?

	원본 데이터	서식	결과 데이터
①	1234.5	###	1235
②	2018-06-17	yyyy-mm-ddd	2018-06-Sun
③	2017/5/2	yy.m.d	17.5.2
④	대출	@주택담보	주택담보대출

22. 다음 표에 제시된 통계함수와 함수의 기능이 서로 잘못 짝지어진 것은 어느 것인가?

함수명	기능
㉠ AVERAGEA	텍스트로 나타낸 숫자, 논리값 등을 포함, 인수의 평균을 구함
㉡ COUNT	인수 목록에서 공백이 아닌 셀과 값의 개수를 구함
㉢ COUNTIFS	범위에서 여러 조건을 만족하는 셀의 개수를 구함
㉣ LARGE(범위, k번째)	범위에서 k번째로 큰 값을 구함

① ㉠ ② ㉡
③ ㉢ ④ ㉣

23. 다음 글에서 알 수 있는 '정보'의 특징으로 적절하지 않은 것은?

> 천연가스 도매요금이 인상될 것이라는 전망과 그 예측에 관한 정보는 가스사업자에게나 유용한 것이지 일반 대중에게 직접적인 영향을 주는 정보는 아니다. 관련된 일을 하거나 특별한 이유가 있어서 찾아보는 경우를 제외하면 이러한 정보에 관심을 갖게 되는 사람들이 있을까?

① 우리가 필요로 하는 정보의 가치는 여러 가지 상황에 따라서 아주 달라질 수 있다.
② 정보의 가치는 우리의 요구, 사용 목적, 그것이 활용되는 시기와 장소에 따라서 다르게 평가된다.
③ 정보는 비공개 정보보다는 반공개 정보가, 반공개 정보보다는 공개 정보가 더 큰 가치를 가질 수 있다.
④ 원하는 때에 제공되지 못하는 정보는 정보로서의 가치가 없어지게 될 것이다.

24. 사이버 공간은 다양한 연령층의 사람들이 익명성을 보장받은 상태에서 상호 교류를 가질 수 있는 곳이다. 다음 중 이러한 사이버 공간에서의 예절에 대한 설명으로 적절하지 않은 것은?

① 이모티콘을 윗사람에게 보내는 것은 예의에 어긋나는 행위이다.
② 대화방에 새로 들어가게 되면 그간의 대화 내용을 파악하려고 노력한 후 대화에 참여한다.
③ 게시판에 글을 게재할 경우에는 글을 쓰기 전에 이미 같은 내용의 글이 없는지 확인한다.
④ 공개 자료실에 여러 개의 파일을 올릴 때에는 가급적 압축을 한 후 올리도록 한다.

25. 다음 중 '유틸리티 프로그램'으로 볼 수 없는 것은?

① 고객 관리 프로그램
② 화면 캡쳐 프로그램
③ 이미지 뷰어 프로그램
④ 동영상 재생 프로그램

26. 다음은 Window 보조프로그램인 그림판과 메모장에 대한 기능을 설명하는 표이다. 다음 표의 밑줄 친 부분의 설명 중 옳지 않은 것은?

그림판	메모장
• 그림판은 간단한 그림을 그리거나 편집하기 위해 사용하는 프로그램이다. • 그림판으로 작성된 파일의 형식은 ㉠ <u>PNG, JPG, BMP, GIF 등으로 저장할 수 있다.</u> • 원 또는 직사각형을 표현할 수 있으며, ㉢ <u>정원이나 정사각 형태의 도형 그리기는 지원되지 않는다.</u> • 그림판에서 그림을 그린 다음 다른 문서에 붙여 넣거나 바탕화면 배경으로 사용할 수 있다. • '색 채우기' 도구는 연필이나 브러시, 도형 등으로 그린 그림에 채우기가 가능하다. 단, 선택한 영역에 대해서는 불가능하다. • ㉣ <u>그림의 크기와 대칭, 회전 등의 작업이 가능하다.</u>	• 간단한 문서 또는 웹 페이지를 만들 때 사용할 수 있는 기본 텍스트 편집기이다. • 메모장으로 작성된 파일을 ㉡ <u>ANSI, 유니코드, UTF-8 등의 인코딩 형식으로 저장할 수 있다.</u> • 자동 줄 바꿈, 찾기, 시간/날짜 삽입 등의 기능을 제공한다. • 문서 전체에 대하여 글꼴 서식(글꼴 종류, 크기, 속성 등)을 지정할 수 있다. 문서 일부분에 별도 지정은 불가능하다. • 특정 문자나 단어를 찾아서 바꾸기를 할 수 있다. • 텍스트를 잘라내기, 복사하기, 붙여넣기 또는 삭제를 할 수 있다. • 메모장에서는 그림이나 차트 등과 같은 OLE 개체 삽입이 불가능하다.

① ㉠

② ㉡

③ ㉢

④ ㉣

27. 소프트웨어는 사용권(저작권)에 따라 분류될 수 있다. 다음 중 이에 따라 분류된 소프트웨어의 특징에 대한 설명으로 옳지 않은 것은?

① Shareware – 배너 광고를 보는 대가로 무료로 사용하는 소프트웨어

② Freeware – 무료 사용 및 배포, 기간 및 기능에 제한이 없는 누구나 사용할 수 있는 소프트웨어

③ 베타(Beta) 버전 – 정식 버전이 출시되기 전에 프로그램에 대한 일반인의 평가를 받기 위해 제작된 소프트웨어

④ 상용 소프트웨어 – 사용 기간의 제한 없이 무료 사용과 배포가 가능한 프로그램

28. 다음 중 컴퓨터에서 사용되는 자료의 물리적 단위가 큰 것부터 순서대로 올바르게 나열된 것은?

① Word – Byte – Nibble – Bit

② Byte – Word – Nibble – Bit

③ Word – Byte – Bit – Nibble

④ Word – Nibble – Byte – Bit

29. 다음 중 네트워크 관련 장비의 이름과 해당 설명이 올바르게 연결되지 않은 것은?

① 게이트웨이(Gateway)란 주로 LAN에서 다른 네트워크에 데이터를 보내거나 다른 네트워크로부터 데이터를 받아들이는 데 사용되는 장치를 말한다.

② 허브(Hub)는 네트워크를 구성할 때 각 회선을 통합적으로 관리하여 한꺼번에 여러 대의 컴퓨터를 연결하는 장치를 말한다.

③ 리피터(Repeater)는 네트워크 계층의 연동 장치로, 최적 경로 설정에 이용되는 장치이다.

④ 스위칭 허브(Switching Hub)는 근거리통신망 구축 시 단말기의 집선 장치로 이용하는 스위칭 기능을 가진 통신 장비로, 통신 효율을 향상시킨 허브로 볼 수 있다.

30. 다음 중 아래와 같은 자료의 '기록(초)' 필드를 이용하여 최길동의 순위를 계산하고자 할 때 C3에 들어갈 함수식으로 올바른 것은?

	A	B	C
1	이름	기록(초)	순위
2	김길동	53	3
3	최길동	59	4
4	박길동	51	1
5	이길동	52	2
6			

① =RANK(B3,$B$2:$B$5,1)

② =RANK(B3,$B$2:$B$5,0)

③ =RANK(B3,$B$2:B5,1)

④ =RANK(B3,B2:$B$5,0)

31. H사 김 과장은 외출을 하여 대한상사, 고려무역, 한국은행, 홍익협회 네 군데를 다녀와야 한다. 김 과장의 사무실과 네 군데 방문 지점과의 이동 시간이 다음과 같을 때, '사무실~대한상사'와 '사무실~한국은행'의 소요 시간이 될 수 없는 것은 어느 것인가? (소요 시간은 1분 단위로만 계산한다)

> • 홍익협회까지 가는 시간은 한국은행까지 가는 시간의 두 배보다 더 많이 걸린다.
> • 고려무역까지 가는 시간은 홍익협회까지 가는 시간의 30%만큼 덜 걸리는 35분이다.
> • 대한상사까지 가는 시간은 한국은행보다는 더 걸리고 고려무역보다는 덜 걸린다.
> • 한국은행까지 가는 시간과 대한상사까지 가는 시간의 합은 홍익협회까지 가는 시간과 같다.

	사무실~대한상사	사무실~한국은행
①	26분	24분
②	28분	22분
③	30분	20분
④	35분	15분

▌32~33▐ 다음 자료를 보고 이어지는 물음에 답하시오.

〈거래처 약도〉

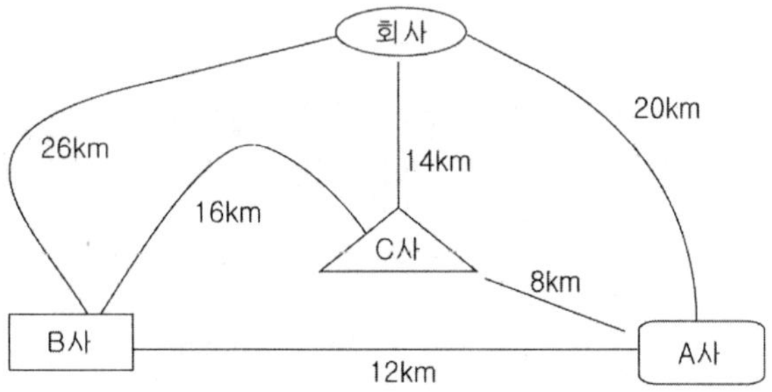

〈각 구간별 연비〉
• 회사~A사/B사/C사 : 각 10km/L(시내)
• A사~B사 : 14km/L(국도)
• B사~C사 : 8km/L(비포장도로)
• C사~A사 : 20km/L(고속도로)
※ 연료비는 1L당 1,500원으로 계산한다.

32. 최 대리는 오늘 외출을 하여 A, B, C 거래처를 방문해야 한다. 세 군데 거래처를 모두 방문하고 마지막 방문지에서 바로 퇴근을 할 예정이지만, 서류 전달을 위해 중간에 한 번은 다시 회사로 돌아왔다 가야 한다. A사를 가장 먼저 방문할 경우 최 대리의 모든 거래처 방문이 완료되는 최단 거리 이동 경로는 몇 km인가?

① 58km
② 60km
③ 64km
④ 68km

33. 위와 같은 거래처 방문 조건 하에서 최장 거리 이동 경로와 최단 거리 이동 경로의 총 사용 연료비 차액은 얼마인가?

① 3,000원
② 3,100원
③ 3,200원
④ 3,300원

34. 200만 원을 가진 갑은 다음 A, B프로젝트 중 B프로젝트에 투자하기로 결정하였다. 갑의 선택이 합리적이기 위한 B프로젝트 연간 예상 수익률의 최저 수준으로 가장 적절한 것은 어느 것인가?(단, 각 프로젝트의 기간은 1년으로 가정한다.)

> • A프로젝트는 200만 원의 투자 자금이 소요되고, 연 9.0%의 수익률이 예상된다.
> • B프로젝트는 400만 원의 투자 자금이 소요되고, 부족한 돈은 연 5.0%의 금리로 대출받을 수 있다.

① 8.1%
② 7.1%
③ 6.1%
④ 5.1%

35. 甲은 乙로부터 5차에 걸쳐 총 7천만 원을 빌렸으나, 자금 형편상 갚지 못하고 있다가 2010년 2월 5일 1천만 원을 갚았다. 다음 〈조건〉을 근거로 판단할 때, 〈甲의 채무현황〉에서 2010년 2월 5일에 전부 또는 일부가 소멸된 채무는? (다만 연체 이자와 그 밖의 다른 조건은 고려하지 않는다)

- 채무 중에 상환하기로 약정한 날짜(이행기)가 도래한 것과 도래하지 아니한 것이 있으면, 이행기가 도래한 채무가 변제로 먼저 소멸한다.
- 이행기가 도래한(또는 도래하지 않은) 채무 간에는 이자가 없는 채무보다 이자가 있는 채무, 저이율의 채무보다는 고이율의 채무가 변제로 먼저 소멸한다.
- 이율이 같은 경우, 이행기가 먼저 도래한 채무나 도래할 채무가 변제로 먼저 소멸한다.

〈甲의 채무현황〉

구분	이행기	이율	채무액
① A	2009. 11. 10.	0%	1천만 원
② B	2009. 12. 10.	20%	1천만 원
③ C	2010. 1. 10.	15%	1천만 원
④ D	2010. 1. 30.	20%	2천만 원

36. 서원이는 2018년 1월 전액 현금으로만 다음 표와 같이 지출하였다. 만약 서원이가 2018년 1월에 A ~ C 신용카드 중 하나만을 발급받아 할인 전 금액이 표와 동일하도록 그 카드로만 지출하였다면 신용카드별 할인혜택에 근거한 할인 후 예상청구액이 가장 적은 카드부터 순서대로 바르게 나열한 것은?

〈표〉 2018년 1월 지출내역

(단위 : 만 원)

분류	세부항목		금액	합계
교통비	버스 · 지하철 요금		8	20
	택시 요금		2	
	KTX 요금		10	
식비	외식비	평일	10	30
		주말	5	
	카페 지출액		5	
	식료품 구입비	대형마트	5	
		재래시장	5	
의류 구입비	온라인		15	30
	오프라인		15	
여가 및 자기 계발비	영화관람료(1만원/회×2회)		2	30
	도서구입비 (2만원/권×1권, 1만5천원/권×2권, 1만원/권×3권)		8	
	학원 수강료		20	

〈신용카드별 할인혜택〉

○ A 신용카드
- 버스, 지하철, KTX 요금 20% 할인(단, 할인액의 한도는 월 2만원)
- 외식비 주말 결제액 5% 할인
- 학원 수강료 15% 할인
- 최대 총 할인한도액은 없음
- 연회비 1만 5천 원이 발급 시 부과되어 합산됨

○ B 신용카드
- 버스, 지하철, KTX 요금 10% 할인(단, 할인액의 한도는 월 1만원)
- 온라인 의류구입비 10% 할인
- 도서구입비 권당 3천 원 할인(단, 권당 가격이 1만 2천 원 이상인 경우에만 적용)
- 최대 총 할인한도액은 월 3만 원
- 연회비 없음

○ C 신용카드
- 버스, 지하철, 택시 요금 10% 할인(단, 할인액의 한도는 월 1만 원)
- 카페 지출액 10% 할인
- 재래시장 식료품 구입비 10% 할인
- 영화관람료 회당 2천원 할인(월 최대 2회)
- 최대 총 할인한도액은 월 4만 원
- 연회비 없음

※ 할부나 부분청구는 없으며, A ~ C 신용카드는 매달 1일부터 말일까지의 사용분에 대하여 익월 청구됨

① A − B − C
② A − C − B
③ B − A − C
④ B − C − A

37. 연초에 동일한 투자비용이 소요되는 투자계획 A와 B가 있다. A는 금년 말에 10억 원, 내년 말에 20억 원의 수익을 내고, B는 내년 말에만 31억 원의 수익을 낸다. 수익성 측면에서 A와 B를 동일하게 만드는 이자율 수준은 얼마인가?

① 1%
② 5%
③ 10%
④ 15%

38. 다음 표는 E통신사에서 시행하는 이동 통화 요금제 방식이다. 다음과 같은 방식으로 통화를 할 경우, 한 달 평균 이동전화 사용시간이 몇 분 이상일 때부터 B요금제가 유리한가?

요금제	기본요금(원)	1분당 전화 요금(원)
A	15,000	180
B	18,000	120

① 35분　② 40분
③ 45분　④ 50분

39. 다음 자료에 대한 올바른 설명을 〈보기〉에서 모두 고른 것은?

〈미국의 對한국 수출입 현황〉

(단위 : 억 달러)

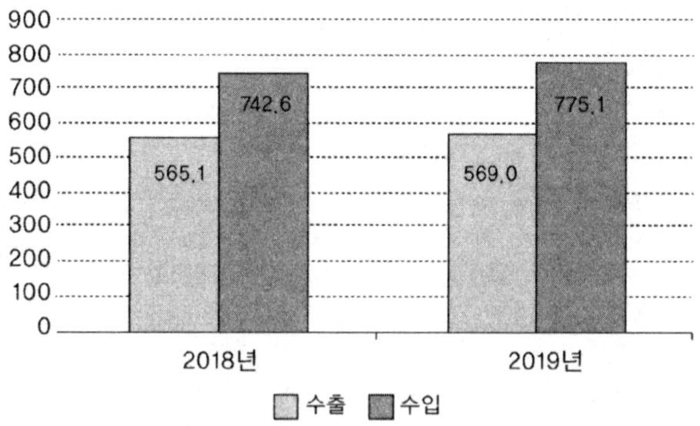

※ 무역수지는 수출에서 수입을 뺀 수치를 의미하며, 양수일 때는 흑자, 음수일 때는 적자로 표현

〈보기〉

(가) 2019년 미국의 對한국 총 무역액은 전년보다 35억 달러 이상 증가하였다.
(나) 2019년 미국의 對한국 무역수지의 적자는 전년보다 25억 달러 이상 증가하였다.
(다) 2019년 미국의 전년대비 對한국 수출액 증가율은 1% 이상이다.
(라) 2019년 미국의 전년대비 對한국 수입액 증가분은 수출액 증가분의 10배 이상이다.

① (가), (나)　② (가), (라)
③ (다), (라)　④ (가), (나), (다)

40. 인적자원 관리의 특징에 관한 다음 (가)~(라)의 설명 중 그 성격이 같은 것끼리 알맞게 구분한 것은?

(가) 개인에게 능력을 발휘할 수 있는 기회와 장소를 부여하고, 그 성과를 바르게 평가하고, 평가된 능력과 실적에 대해 그에 상응하는 보상을 주어야 한다.
(나) 팀 전체의 능력향상, 의식개혁, 사기앙양 등을 도모하는 의미에서 전체와 개체가 균형을 이루어야 한다.
(다) 많은 사람들이 번거롭다는 이유로 자신의 인맥관리에 소홀히 하는 경우가 많지만 인맥관리는 자신의 성공을 위한 첫 걸음이라는 생각을 가져야 한다.
(라) 효율성을 높이기 위해 팀원의 능력이나 성격 등과 가장 적합한 위치에 배치하여 팀원 개개인의 능력을 최대로 발휘해 줄 것을 기대한다.

① (가), (나) / (다), (라)　② (가) / (나), (다), (라)
③ (가), (라) / (나), (다)　④ (가), (나), (라) / (다)

41. 다음과 같은 조직의 특징으로 옳은 것은?

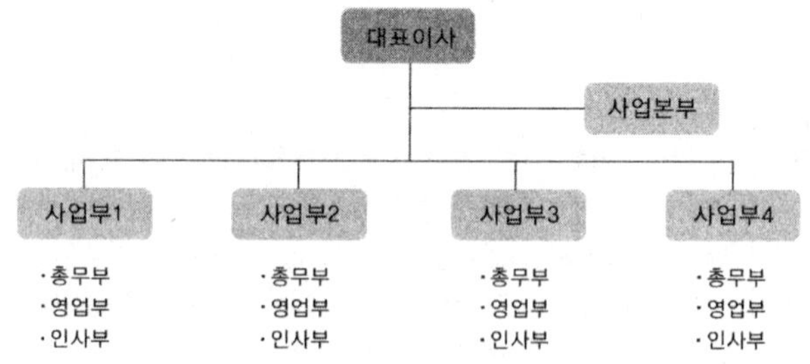

① 이 구조는 소기업에 적합하다.
② 재무적 · 전략적 통제가 약화된다.
③ 기업 성장을 약화시킨다.
④ 이 구조는 제품의 다각화를 추구한다.

42. 다음은 어느 조직의 업무 내용 일부를 나열한 자료이다. 다음에 나열된 업무 내용 중 관리 조직의 일반적인 업무 특성에 따라 인사부의 업무라고 보기 어려운 것을 모두 고르면?

㉠ 해외 협력사 교환근무 관련 업무 ㉡ 임직원 출장비, 여비관련 업무 ㉢ 상벌, 대·내외 포상관리 업무 ㉣ 조경 및 조경시설물 유지보수 ㉤ 인재개발원 지원 업무

① ㉠, ㉡ ② ㉠, ㉢

③ ㉡, ㉤ ④ ㉡, ㉣

43. 다음과 관련된 개념은 무엇인가?

조직이 지속되게 되면서 조직구성원들 간에 공유되는 생활양식이나 가치로 조직구성원들의 사고와 행동에 영향을 미치며 일체감과 정체성을 부여하고 조직이 안정적으로 유지되게 한다. 최근 조직문화에 대한 중요성이 부각되면서 긍정적인 방향으로 조성하기 위한 경영층의 노력이 이루어지고 있다.

① 조직의 규칙

② 조직문화

③ 조직목표

④ 조직위계

▌44~45▐ 다음 조직도를 보고 물음에 답하시오.

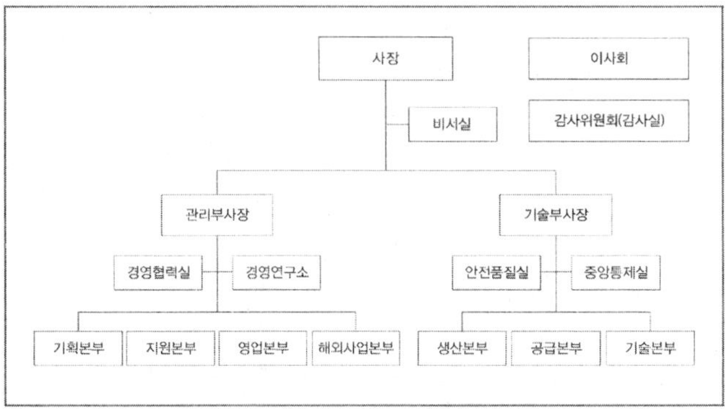

44. 위 조직도에 대한 설명으로 적합하지 않은 것은?

① 위와 같은 조직구조의 형태를 '기능적 조직구조'라고 한다.

② 산하 조직의 수가 더 많은 관리부사장이 기술부사장보다 강력한 권한과 지위를 갖는다.

③ 일반적으로 위와 같은 형태의 조직구조는 급변하는 환경변화에 효과적으로 대응하고 제품, 지역, 고객별 차이에 신속하게 적응하기에 적절한 구조가 아니다.

④ 위와 같은 조직도를 통해 조직에서 하는 일은 무엇이며, 조직구성원들이 어떻게 상호작용하는지 파악할 수 있다.

45. 조직 및 인적 구성을 한눈에 알 수 있게 해 주는 위와 같은 조직도를 참고할 때, 하위 7개 본부 중 '인사노무처'와 '자원기술처'라는 명칭의 조직이 속한다고 볼 수 있는 본부로 가장 적절한 것은?

① 지원본부, 기술본부

② 지원본부, 생산본부

③ 기획본부, 생산본부

④ 기획본부, 공급본부

46. 다음 '갑' 기업과 '을' 기업에 대한 설명 중 적절하지 않은 것은?

'갑' 기업은 다양한 사외 기관, 단체들과의 상호 교류 등 업무가 잦아 관련 업무를 전담하는 조직이 갖춰져 있다. 전담 조직의 인원이 바뀌는 일은 가끔 있지만, 상설 조직이 있어 매번 발생하는 유사 업무를 효율적으로 수행한다. '을' 기업은 사내 당구 동호회가 구성되어 있어 동호회에 가입한 직원들은 정기적으로 당구장을 찾아 쌓인 스트레스를 풀곤 한다. 가입과 탈퇴가 자유로우며 당구를 좋아하는 직원은 누구든 참여가 가능하다. 당구 동호회에 가입한 직원은 직급이 아닌 당구 실력으로만 평가 받으며, 언제 어디서 당구를 즐기든 상사의 지시를 받지 않아도 된다.

① '갑' 기업의 상설 조직은 의도적으로 만들어진 집단이다.

② '갑' 기업 상설 조직의 임무는 보통 명확하지 않고 즉흥적인 성격을 띤다.

③ '을' 기업 당구 동호회는 공식적인 임무 이외에 다양한 요구들에 의해 구성되는 경우가 많다.

④ '갑' 기업 상설 조직의 구성원은 인위적으로 참여한다.

47. **다음 제시된 조직도에 대한 설명으로 옳지 않은 것은?**

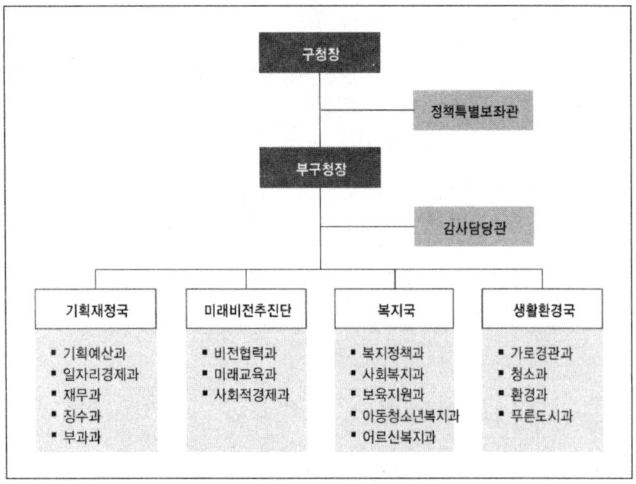

① 구청장 산하에 정책특별보좌관과 감사담당관이 있다.

② 조직도에 따르면 3명의 국장과 1명의 단장이 있다.

③ 비전협력과와 일자리경제과는 다른 부문에 속해있다.

④ 복지정책과 보육지원에 관한 사항은 복지국에 문의할 수 있다.

48. **다음은 A사의 임직원 행동지침의 일부이다. 이에 대한 설명으로 가장 옳지 않은 것은?**

> 제○○조(외국 업체 선정을 위한 기술평가위원회 운영)
> ① 외국 업체 선정을 위한 기술평가위원회 운영이 필요한 경우 기술평가위원 위촉 시 부패행위 전력자 및 당사 임직원 행동강령 제5조 제1항 제2호 및 제3호에 따른 이해관계자를 배제해야 하며, 기술평가위원회 활동 중인 위원의 부정행위 적발 시에는 해촉하도록 한다.
> ② 외국 업체 선정을 위한 기술평가위원회 위원은 해당 분야 자격증, 학위 소지여부 등에 대한 심사를 엄격히 하여 전문성을 가진 자로 선발한다.
> ③ 계약 관련 외국 업체가 사전로비를 하는 것을 방지하기 위하여 외국 업체 선정을 위한 기술평가위원회 명단을 공개하는 것을 금지한다.
> ④ 외국 업체 선정을 위한 기술평가위원회를 운영할 경우 위원의 제척, 기피 및 회피제를 포함하여야 하며, 평가의 공정성 및 책임성 확보를 위해 평가위원으로부터 청렴서약서를 징구한다.
> ⑤ 외국 업체 선정을 위한 기술평가위원회를 개최하는 경우 직원은 평가위원의 발언 요지, 결정사항 및 표결내용 등의 회의결과를 기록하고 보관해야 한다.

① 기술평가위원의 발언과 결정사항 등은 번복이나 변경을 방지하고자 기록된다.

② 기술평가위원이 누구인지 내부적으로는 공개된다.

③ 이해관계에 의한 불공정 평가는 엄정히 방지된다.

④ 기술평가위원에게 해당 분야의 전문성은 필수조건이다.

49. **다음 설명을 참고할 때, '차별화 전략'의 단점으로 가장 거리가 먼 것은?**

> 조직의 경영전략은 경영자의 경영이념이나 조직의 특성에 따라 다양하다. 이 중 대표적인 경영전략으로 마이클 포터(Michael E. Porter)의 본원적 경쟁전략이 있다. 본원적 경쟁전략은 해당 사업에서 경쟁우위를 확보하기 위한 전략이며 차별화 전략, 집중화 전략, 원가우위 전략이 이에 속한다.
> 차별화 전략은 조직이 생산품이나 서비스를 차별화하여 고객에게 가치가 있고 독특하게 인식되도록 하는 전략이다. 이러한 전략을 활용하기 위해서는 연구개발이나 광고를 통하여 기술, 품질, 서비스, 브랜드 이미지를 개선할 필요가 있다.

① 과도한 가격경쟁력 확보를 추진할 경우 수익구조에 악영향을 끼칠 수 있다.

② 비차별화 전략에 비해 시장을 세분화해야 하는 어려움이 있다.

③ 다양한 상품 개발에 따라 상품 원가가 높아질 수 있다.

④ 유통경로 관리와 촉진에 추가적인 노력이 필요하다.

50. **다음 ㈎~㈔ 중 조직 경영에 필요한 요소에 대한 설명을 모두 고른 것은?**

> ㈎ 조직의 목적 달성을 위해 경영자가 수립하는 것으로 보다 구체적인 방법과 과정이 담겨있다.
> ㈏ 조직에서 일하는 구성원으로, 경영은 이들의 직무수행에 기초하여 이루어지기 때문에 이들의 배치 및 활용이 중요하다.
> ㈐ 생산자가 상품 또는 서비스를 소비자에게 유통시키는 데 관련된 모든 체계적 경영활동이다.
> ㈑ 특정의 경제적 실체에 관해 이해관계에 있는 사람들에게 합리적이고 경제적인 의사결정을 하는 데 있어 유용한 재무적 정보를 제공하기 위한 것으로, 이러한 일련의 과정 또는 체계를 뜻한다.
> ㈒ 경영을 하는 데 사용할 수 있는 돈으로 이것이 충분히 확보되는 정도에 따라 경영의 방향과 범위가 정해지게 된다.
> ㈓ 조직이 변화하는 환경에 적응하기 위하여 경영활동을 체계화하는 것으로 목표달성을 위한 수단이다.

① ㈎, ㈐, ㈒　　② ㈏, ㈐, ㈑

③ ㈎, ㈐, ㈑, ㈓　　④ ㈎, ㈏, ㈒, ㈓

51. "4차 산업혁명 시대의 직업윤리 교육의 방향(교육철학연구, 제41권, 2019, 김은우/유재봉)"의 논문에서 저자들은 4차 산업혁명으로 인해 사람을 기계의 일부로 봄으로써 윤리 규범을 붕괴시킬 우려를 언급하기도 했다. 다음의 사례는 테일러의 과학적 관리론에 관한 사례를 제시한 것이다. 아래의 글을 읽고 4차 산업혁명 시대의 직업윤리로서 인간을 기계의 일부분으로 취급하는 과학적 관리론으로 인해 나타나는 내용 중 옳지 않은 것을 고르면?

> 자본주의 경제는 '비효율과의 전쟁'을 통해 발전해왔다. 초기에 비효율은 삼림 파괴, 수(水)자원 낭비, 탄광 개발 남발 등 주로 자원과 관련한 문제였다. 프레드릭 테일러(Frederick Taylor · 1856~1915)는 사람의 노력이 낭비되고 있다는 데 처음으로 주목했다. 효율적인 국가를 건설하려면 산업 현장에서 매일 반복되는 실수, 잘못된 지시, 노사 갈등을 해결하는 데서 출발해야 한다고 믿었다. 노사가 협업해 과학적인 생산 방법으로 생산성을 끌어올리면 분배의 공평성도 달성할 수 있다고 주장했다. 그가 이런 생각을 체계적으로 정리한 책이 《과학적 관리법》 (1911년)이다.
>
> 테일러는 고등학교 졸업 후 공장에 들어가 공장장 자리에까지 오른 현장 전문가였다. 그는 30년간 과학적 관리법 보급을 위해 노력했지만 노동자로부터는 "초시계를 이용해 노동자를 착취한다"고, 기업가로부터는 "우리를 눈먼 돼지로 보느냐"고 비난받았다. 그러나 그는 과학적 관리법이 노사 모두에 도움이 되기 때문에 결국 널리 퍼질 것으로 확신했다. 훗날 과학적 관리법은 '테일러리즘(Taylorism)'으로 불리며 현대 경영학의 뿌리가 됐다. 1900년대 영국과 미국에선 공장 근로자의 근무태만이 만연했다. 노동조합도 "노동자가 너무 많은 일을 하면 다른 사람의 일자리를 뺏을 수 있다"며 '적은 노동'을 권했다. 전체 생산량에 따라 임금을 주니 특별히 일을 더 많이 할 이유도 없었다.

① 조직목표인 능률성 향상과 개인목표인 인간의 행복 추구 사이에는 궁극적으로 양립·조화 관계로 인식하였다.

② 작업 계층의 효율적인 관리를 위해 하위 계층 관리만을 연구대상으로 하고 인간을 목표 달성을 위한 조종 대상으로 보았다.

③ 타인에 의한 내부적인 동기부여가 효율적이라고 생각한다.

④ 조직 외적 환경과의 상호작용을 경시하고 조직을 개방체제가 아닌 폐쇄체제로 인식하였다.

52. 다음 사례에서 파악할 수 있는 민수씨의 직업의식으로 적절한 것을 〈보기〉에서 고른 것은?

> 신발 회사의 대표를 맡고 있는 민수씨는 최고의 구두를 만들겠다는 일념으로 세계 유명 구두 디자인에 대한 사례 연구를 통해 독창적인 모델을 출시하여 대성공을 거두었다. 또한 민수씨는 회사 경영에 있어서도 인화와 협동을 중시하여 직원들을 대상으로 가족 초청 어버이날 행사, 단체 체육대회 등 노사가 함께하는 행사를 개최하여 유대를 강화하고 있다.

〈보기〉

㉠ 전문 의식	㉡ 귀속 의식
㉢ 연대 의식	㉣ 귀천 의식

① ㉠, ㉡　　② ㉠, ㉢

③ ㉡, ㉢　　④ ㉡, ㉣

53. 다음 수철씨의 진로 선택 사례에서 알 수 있는 내용으로 옳은 것을 모두 고른 것은?

> 특성화 고등학교 출신인 A 씨는 자신의 진로 유형 검사가 기계적 기술이나 신체적 운동을 요구하는 업무에 적합한 유형으로 나온 것을 고려하여 ○○ 기업 항공기 정비원으로 입사하였다. 또한 A 씨는 보수나 지위에 상관없이 사회 구성원의 일원으로서 긍지와 책임감을 갖고 최선을 다해 일하고 있다.

> ㉠ 직업에 대해 소명 의식을 가지고 있다.
> ㉡ 홀랜드의 직업 흥미 유형 중 관습적 유형에 해당한다.
> ㉢ 직업의 개인적 의의보다 경제적 의의를 중요시하고 있다.
> ㉣ 한국 표준 직업 분류 중 기능원 및 관련 기능 종사자에 해당한다.

① ㉠, ㉡

② ㉠, ㉣

③ ㉡, ㉢

④ ㉡, ㉣

54. **당신은 국민연금공단 입사 지원자이다. 서류전형 통과 후, NCS 기반의 면접을 보기 위해 면접장에 들어가 있는데, 면접관이 당신에게 다음과 같은 질문을 하였다. 다음 중 면접관의 질문에 대한 당신의 대답으로 가장 적절한 것은?**

> 면접관 : 최근 많은 회사들이 윤리경영을 핵심 가치로 내세우며, 개혁을 단행하고 있습니다. 그건 저희 회사도 마찬가지입니다. 윤리경영을 단행하고 있는 저희 회사에 도움이 될 만한 개인 사례를 말씀해 주시기 바랍니다.
> 당신 : (   )

① 저는 시간관념이 철저하므로 회의에 늦은 적이 한 번도 없습니다.
② 저는 총학생회장을 역임하면서, 맡은 바 책임이라는 것이 무엇인지 잘 알고 있습니다.
③ 저는 상담사를 준비한 적이 있어서, 타인의 말을 귀 기울여 듣는 것이 얼마나 중요한지 알고 있습니다.
④ 저는 모든 일이 투명하게 이뤄져야 한다고 생각합니다. 그래서 어린 시절 반에서 괴롭힘을 당하는 친구가 있으면 일단 선생님께 말씀드리곤 했습니다.

55. **(가), (나)의 사례에 나타난 직업관의 유형으로 옳은 것은?**

> (가) 힘들고, 위험한 일을 기피하는 현상 때문에 노동력은 풍부하지만 생산인력은 부족한 실정이다. 하지만 주윤발씨는 개인의 소질, 능력, 성취도를 최우선으로 하고 있어 생산직 사원 모집 광고를 보고 원서를 제출하였다.
> (나) 사장은 장비씨의 연로한 나이와 그의 성실성을 고려하여 근무시간을 줄여 주고 월급도 50% 인상해 주었다. 그러자 장비씨는 회사에 사표를 내고 다른 직장으로 이직을 원하였다. 이에 사장이 그만두는 이유를 묻자 "저는 돈을 벌기 위하여 일을 하는 것이 아니라 남은 인생을 될 수 있는 한 많은 사람을 위해 일하고 싶은 것인데, 근무 시간이 줄어들었으니 그만둘 수밖에 없습니다."라고 대답하였다.

	(가)	(나)
①	업적주의적 직업관	개인중심적 직업관
②	업적주의적 직업관	귀속주의적 직업관
③	귀속주의적 직업관	결과지향적 직업관
④	귀속주의적 직업관	개인중심적 직업관

56. **다음은 직업윤리에 대한 강좌에서 강사와 수강생들의 대화이다. 강사의 질문에 대한 답변으로 옳은 것만을 모두 고른 것은?**

> 수강생 A : 직업 일반 윤리는 직업을 가지고 있는 모든 사람이 지켜야 할 도리입니다.
> 수강생 B : 직업별 윤리는 각각의 직업에 종사하는 직업인에게 요구되는 윤리적 규범을 말합니다.
> 강사 : 그럼 직업별 윤리에는 어떤 것이 있을까요?

> ㉠ 봉사, 책임 등의 공동체 윤리
> ㉡ 노사 관계 안에서의 근로자 및 기업가의 윤리
> ㉢ 직종별 특성에 맞는 법률, 규칙, 선언문, 윤리 요강

① ㉠
② ㉡
③ ㉠, ㉢
④ ㉡, ㉢

57. **다음 중 근로윤리에 관한 설명으로 옳지 않은 것은?**

① 정직은 신뢰를 형성하는 데 기본적인 규범이다.
② 정직은 부정직한 관행을 인정하지 않는다.
③ 신용을 위해 동료와 타협하여 부정직을 눈감아준다.
④ 신용을 위해 잘못된 것도 정직하게 밝혀야 한다.

58. **원모는 입사 후 처음으로 회사의 회식에 참여하게 되었다. 하지만 사회생활이 처음인 원모에게 모든 것이 낯선 상황이다. 다음은 원모가 소속 중인 회사의 회식 및 음주예절에 관한 내용인데 아래의 선택지는 원모가 각 상황별로 해야 하는 행동이다. 이 중 가장 바르지 않은 것을 고르면?**

① 술잔은 상위자에게 먼저 권하고 경우에 따라서 무릎을 꿇거나 또는 서서 잔을 따른다.
② 술을 마시지 않더라도 술잔을 입에 대었다가 내려놓는다.
③ 만약의 경우 선약이 있어서 중간에 회식자리를 떠날 시에는 사전 또는 중간에 상위자에게 보고하고 이석한다.
④ 건배 시에 잔을 부딪칠 때에는 상위자의 술잔보다 높게 들어야 한다.

59. 다음 설명에 해당하는 직업윤리의 덕목은?

자신이 하고 있는 일이 사회나 기업을 위해 중요한 역할을 하고 있다고 믿는 태도

① 직분의식

② 소명의식

③ 천직의식

④ 책임의식

60. 직업인은 외근 등의 사유로 종종 자동차를 활용하곤 한다. 다음은 자동차 탑승 시에 대한 예절 및 윤리에 관한 설명이다. 이 중 가장 옳지 않은 것을 고르면?

① 승용차에서는 윗사람이 먼저 타고 아랫사람이 나중에 타며 아랫사람은 윗사람의 승차를 도와준 후에 반대편 문을 활용해 승차한다.

② Jeep류의 차종인 경우 (문이 2개)에는 운전석의 뒷자리가 상석이 된다.

③ 운전자의 부인이 탈 경우에는 운전석 옆자리가 부인석이 된다.

④ 자가용의 차주가 직접 운전을 할 시에 운전자의 오른 좌석에 나란히 앉아 주는 것이 매너이다.

종합직무지식평가(50문항/50분)

1. 전류의 흐름이나 전압, 부피, 각도, 길이 등과 같이 셀 수 없는 연속적인 양의 형태를 계산하는 계산기는 다음 중 어느 것인가?

① 디지털 컴퓨터

② 펀치카드시스템

③ 자기코어장치

④ 자기디스크장치

⑤ 아날로그 컴퓨터

2. 다음 중 디지털 컴퓨터의 특성으로서 적합하지 않은 것은?

① 곡선, 그래프 등의 출력 형태

② 이산형 자료의 입력

③ 범용성

④ 필요한 만큼의 정밀도 추구의 가능성

⑤ 높은 정밀도.

3. 모든 정보가 0과 1의 부호로 표시되어 처리되는 전자식 컴퓨터를 나타낸 용어로 가장 적합한 것은?

① 범용 컴퓨터

② 아날로그 컴퓨터

③ 하이브리드 컴퓨터

④ 디지털 컴퓨터

⑤ 워크스테이션

4. 아날로그 신호를 사용하는 입·출력장치를 위하여 계산기에서 처리하는 디지털 신호를 연속적인 아날로그 신호로 변환하는 장치는 무엇인가?

① A – D 변환기

② D – A 변환기

③ 인코더

④ 디코더

⑤ 트랜스포머

5. 컴퓨터의 속도를 표시하는 양으로 최근에 많이 사용되는 단위는?

① MIPS
② MIS
③ ALU
④ BPS
⑤ CISC

6. 다음의 장치 가운데 잘못 연결된 것은?

① CRT – 출력장치
② OCR – 입력장치
③ 카드리더 – 입력장치
④ 플로터 - 출력장치
⑤ CPU – 출력장치

7. 다음은 출력매체의 장점이나 특징에 관한 설명이다. 잘못된 내용이 있는 항목은 어느 것인가?

① CRT는 변경이나 갱신이 쉽다.
② 프린터 용지는 사용자가 읽기 쉽고 기록적인 참고 자료가 된다.
③ 음성응답장치는 사람의 음성을 입·출력하는 장치이다.
④ 디스크는 저장될 정보량에 비하여 가격이 저렴하고 눈으로 판독이 쉽다.
⑤ LCD는 측면에서 화면을 선명하게 볼 수 없다.

8. 다음 중 라인프린터(Line Printer)의 속도를 나타내는 단위는 어느 것인가?

① LPM
② CPS
③ CPM
④ IPS
⑤ MIPS

9. 하드카피(Hard Copy)란?

① 단단한 종이에 복사하는 것
② 종이에 인쇄된 출력을 하는 것
③ 여러 장의 용지에 동시에 동일한 인쇄를 하는 것
④ 화면에 정보를 출력하는 것
⑤ 같은 정보를 여러 번 출력하는 것

10. 다음 중 Console의 기능이 아닌 것은?

① 입·출력장치의 선택방법을 변경시킨다.
② Computer의 작동을 개시 및 정지시킨다.
③ Power ON과 OFF를 한다.
④ Computer 내부에 특정한 Register값을 정한다.
⑤ 에러 발생 시 정지한 컴퓨터를 Reset 한다.

11. 2진수에서 1의 보수를 구할 수 있는 Gate는?

① XOR ② AND
③ NAND ④ OR
⑤ NOT

12. 다음 중에서 자료의 단위를 작은 것에서 큰 것으로 올바르게 나열된 것은?

① Bit – Word – Byte – Record – Field – File – Data Base
② Byte – Bit – Word – Field – Record – File – Data Base
③ Byte – Field – Record – Bit – Word – File – Data Base
④ Bit – Byte – Word – Field – Record – File – Data Base
⑤ Bit – Byte – Word – Field – File – Record – Data Base

13. 컴퓨터가 데이터를 주기억장치로 읽어 들일 때 어떤 단위를 기준으로 읽어들이는가?

① Byte ② Field
③ Record ④ File
⑤ Word

14. 풀 워드(FULL WORD)의 바이트 수는?

① 1　　② 2
③ 4　　④ 8
⑤ 16

15. 범위, 방향, 길이 등이 기억장치의 성질이나 한계에 영향을 받지 않고 그것이 가지고 있는 정보의 특성에 따라 결정되는 레코드(Record)는?

① 물리적레코드
② 논리적레코드
③ 임의적레코드
④ 순서적레코드
⑤ 고정적레코드

16. 양쪽이 모두 0이거나 1일 때에만 출력이 0이 되는 연산은?

① AND　　② OR
③ XOR　　④ NAND
⑤ NOT

17. 다음의 게이트 중에서 두 수의 부호판단에 적합한 것은?

① OR　　② AND
③ NAND　　④ NOT
⑤ EOR

18. 다음과 같은 회로는 어느 것과 기능이 같은가?

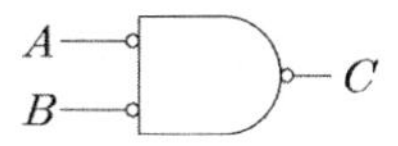

① AND 게이트
② OR 게이트
③ XOR 게이트
④ NAND 게이트
⑤ EOR 게이트

19. 트랜지스터(Transistor)로 논리회로를 구성하려고 한다. 트랜지스터는 어느 상태에서 동작하게 하는가?

① 활동상태 또는 포화상태
② 포화상태 및 차단상태
③ 차단상태 및 활성상태
④ 활성상태
⑤ 차단상태

20. 집적회로(IC)의 설명 중에서 틀린 것은?

① 신뢰성이 크다.
② 전력소비가 적다.
③ 동작속도가 빠르다.
④ 외부배선이 많다.
⑤ 초소형화 추세이다.

21. 자료(Data)와 정보(Information)의 설명 중 옳은 것은?

① 정보와 자료는 어떤 장소와 시간에 따라 달라질 수 없다.
② 정보가 처리과정을 거치면 자료가 된다.
③ 정보는 자료를 특정 상황에서 평가한 것이다.
④ 정보는 원자재에, 자료는 완제품에 비유할 수 있다.
⑤ 정보의 가치는 누구에게나 동일하다.

22. 데이터베이스를 구성하는 데이터 객체, 성질 및 이들 간의 관계, 그리고 데이터조작과 데이터 값의 제약조건들에 관하여 정의한 것을 총칭하여 무엇이라 하는가?

① Attribute
② 관계(Relation)
③ Schema
④ Entity
⑤ Tuple

23. 파일을 구성할 때나 파일을 이용한 때는 주어진 키(Key)의 값을 기억장치의 어드레스 공간으로 바꾸어주는 복잡한 기법을 무엇이라 하는가?

① Fragmention
② Module
③ Attribute
④ Schema
⑤ Hashing

24. 다음 중 필요로 하는 Data를 검색할 경우 File의 첫번째부터 찾아야 하는 File을 무엇이라 하느냐?

① 직접File
② 간접File
③ 순차File
④ 순차Index File
⑤ 간접Index File

25. 우리가 일상생활에서 많이 사용하는 장부의 원장과 비슷한 역할을 하는 것으로, 업무에 대한 기본적인 사항들을 수록한 File로서 때때로 수정이나 갱신을 하는 File은?

① Report File
② History File
③ Master File
④ Transaction File
⑤ Log File

26. 다음에서 Dynamic Storage Allocation을 사용하여 Garbage Collection을 처음 도입하였으며 인공지능에 매우 적합한 언어는?

① LISP
② ALGOL 68
③ ADA
④ SNOBOL4
⑤ FORTRAN

27. 다음 중 언어번역프로그램(Language Translator)에 해당되는 것은?

① 컴파일러, 인터프린터
② 기계어, 프로그램, 어셈블리어
③ 베이식, 코볼, 포트란
④ 파스칼, 포트란 LISP
⑤ 인터프린터, 알골

28. 목적프로그램에 관한 설명이다. 틀리는 것은?

① 2진 숫자 '0'과 '1'의 조합으로 구성된 프로그램이다.
② 컴퓨터가 이해할 수 있는 프로그램이다.
③ 어셈블러도 목적프로그램이다.
④ 목적프로그램에 의해 입력된 데이터가 처리된다.
⑤ 원시프로그램에 대응되는 말이다.

29. 다음 중 로더의 목적에 해당하는 것은?

① 프로그램을 기억장치에 적재하고 실행될 수 있도록 준비한다.
② 이중패스단계에서 필요한 명령어를 수행한다.
③ 프로그램이 적재될 기억장소에 선정한다.
④ 프로그램에서 필요한 제어와 데이터 이동을 수행한다.
⑤ 문제의 범위를 정하여 분석하고 명확한 사무처리를 수행한다.

30. 니블(Nibble)이란 무엇을 의미하는가?

① 4 비트로 형성되는 기억장치단위
② 1 바이트로 구성되는 주소단위
③ 정보를 기억할 수 있는 기본단위
④ 처리속도의 한 단위
⑤ 파일 구성의 최소 단위

31. 다음 프로그래밍의 효율을 위한 방법으로 디스크 내에 저장영역을 만들어서 입·출력장치와 주기억장치 사이의 Idle Time을 줄여 주는 방법은?

① Dead Lock
② Off Line Processing
③ Concurrency
④ Buffering
⑤ Spooling

32. 다음 중 시스템 안에 있는 모든 JOB의 상태를 파악하는 것은?

① Spooler
② Process Scheduler
③ Traffic Controller
④ Job Scheduler
⑤ Data Management

33. 프로그램 내에서 반복되는 내용을 별개의 프로그램으로 작성한 것은 무엇이라 하는가?

① 운영체계
② 원시프로그램
③ 주프로그램
④ 준프로그램
⑤ 부프로그램

34. Main Program을 비롯하여 여러 개의 Sub-Program으로 나누어져 있는 것을 논리에 맞게 결합하여 실행가능한 Program으로 만들어 주는 것은?

① Compiler
② Assembler
③ Language Translator
④ Linkage Editor
⑤ Job Scheduler

35. 마스터스케줄러(Master Scheduler)에 해당되지 않는 사항은?

① JOB관리프로그램의 일종이다.
② 조작원(Operator)과 시스템 간의 연락을 한다.
③ 일과 일 사이에만 필요하다.
④ 제어스케줄러이다.
⑤ 입력된 명령을 해독하고 수행한다.

36. COM은 무엇의 약자인가?

① Computer On-line Manual
② Computer Output Microfilm
③ Computer Output-Manual
④ Computer Output-to Microfilm
⑤ Computer On-line Microfilm

37. 전자우편메시지시스템(EMMS)의 주요 기능이 아닌 것은?

① 사후지원서비스
② 우편 원문의 작성
③ 전자계산기에 의한 회의
④ 문서와 도표의 전송
⑤ 메시지전달서비스

38. UDP(User Datagram Protocol)에 대한 설명으로 옳은 것만을 모두 고르면?

> ㉠ 연결 설정이 없다.
> ㉡ 오류검사에 체크섬을 사용한다.
> ㉢ 출발지 포트 번호와 목적지 포트 번호를 포함한다.
> ㉣ 혼잡제어 메커니즘을 이용하여 링크가 과도하게 혼잡해지는 것을 방지한다.

① ㉠, ㉡ ② ㉠, ㉢
③ ㉠, ㉡, ㉢ ④ ㉡, ㉢, ㉣
⑤ ㉠, ㉡, ㉢, ㉣

39. 텔레비전 채널 하나에 두 가지 프로그램을 동시에 방송하여, 시청자가 선택하여 시청할 수 있는 텔레비전 방송방식은?

① 비디오텍스
② 다중방송
③ 유선텔레비전
④ 고선명텔레비전
⑤ 데이터방송

40. 텔레커뮤팅시스템(Telecommuting System)이란 무엇인가?

① 가정에서 개인용 컴퓨터로 일을 하는 시스템이다.
② 가정에서 워드프로세서로 문서를 작성하는 시스템이다.
③ 가정에서 컴퓨터를 이용하여 직장의 일을 처리하는 시스템이다.
④ 직장에서 중앙집중적으로 데이터를 처리하는 시스템이다.
⑤ 직장에서 고객 요구를 즉각적으로 처리하는 시스템이다.

41. 다음 중 금융기관 등의 웹사이트에서 보낸 이메일로 위장하여 링크를 유도해 타인이 인증 번호나 신용 카드 번호, 계좌 정보 등을 빼내는 공격 기법으로 옳은 것은?

① 파밍
② 피싱
③ 스파이웨어
④ 스나핑
⑤ 스미싱

42. 다음 중 해커가 감염시킨 대량의 좀비 컴퓨터를 이용해 특정 시스템으로 대량의 패킷을 무차별적으로 보내 과다 트래픽으로 시스템을 마비시키는 사이버 공격으로 옳은 것은?

① DDoS
② 스미싱
③ 스니핑
④ SYN Flooding 공격
⑤ 스푸핑

43. IPv4에서 데이터 크기가 6,000 바이트인 데이터그램이 3개로 단편화(fragmentation)될 때, 단편화 오프셋(offset) 값으로 가능한 것만을 모두 고르면?

㉠ 0	㉡ 500
㉢ 800	㉣ 2,000

① ㉠, ㉡
② ㉢, ㉣
③ ㉠, ㉡, ㉢
④ ㉡, ㉢, ㉣
⑤ ㉠, ㉡, ㉢, ㉣

44. 다음 중 대칭 키 암호를 이용하는 TTP 인증 프로토콜로서 클라이언트의 요청에 따라 인증 서버는 클라이언트의 패스워드를 기초로 티켓과 세션 키를 클라이언트에게 제공하고, 클라이언트는 애플리케이션 서버에 접근 시 일정 기간 내 사용자 인증용으로 이 티켓을 사용하는 방식으로 옳은 것은?

① PAP
② PGP
③ RSA
④ DRM
⑤ 커버로스

45. 다음 중 암호 블록 연쇄모드의 약자로서 각 평문 블록을 이전 암호문 블록과 XOR한 후 암호화 되어 안전성을 높이고 암호문 블록을 마치 체인처럼 연결시키기 때문에 붙여진 블록 암호 모드의 종류로 옳은 것은?

① CTR 모드
② OFB 모드
③ CBC 모드
④ ECB 모드
⑤ CFB 모드

46. 다음 중 국민연금심의위원회의 심의 사항이 아닌 것은?

① 국민연금제도 및 재정 계산에 관한 사항
② 급여에 관한 사항
③ 연금보험료에 관한 사항
④ 국민연금기금에 관한 사항
⑤ 건강보험제도 개선에 관한 사항

47. 국민연금에 대한 설명으로 바르지 않은 것은?

① 국민연금은 가입 이후 20년 이상 납입하여야 수령의 자격이 발생한다.
② 국민연금의 종류로는 노령연금, 장애연금, 유족연금 등이 있다.
③ 병역의무를 이행한 자에게 6개월의 가입기간을 추가로 인정해 준다.
④ 2자녀 이상 출산 시 가입기간을 추가로 인정해 준다.
⑤ 국민연금의 평균액은 20년 가입 기준 최종 보수의 약 40% 수준이다.

48. 공공부조의 기본원리에 대한 설명으로 옳은 것은?

① 생존보장의 원리 : 공공부조의 보호수준은 최저한의 생활이 유지되도록 하여야 한다는 원리
② 국가책임의 원리 : 국가는 모든 국민의 건강하고 문화적인 생활을 보호하여야 하며, 역으로 국민의 입장에서 생존권을 보호받을 수 있는 권리를 보장하는 원리
③ 무차별 평등의 원리 : 공공부조 수급의 법적 기준에 해당하는 사람이면 빈곤의 원인이나 신앙, 성별 등에 상관없이 누구든지 평등하게 보호받아야 한다는 원리
④ 보충성의 원리 : 보호대상자 스스로가 자신의 생활을 책임질 수 있도록 한다는 원리
⑤ 최저생활 보호의 원리 : 생계에 관련된 가장 기본적인 수준을 유지할 수 있도록 한다는 원리

49. 국민건강보험의 요양급여 비용에 대한 심사를 담당하고 요양급여의 적정성을 평가하기 위해 설립된 기관은?

① 급여심사원
② 진료심사평가원
③ 보건사회연구원
④ 건강보험심사평가원
⑤ 노인요양병원

50. 사회보험의 특징 중 옳지 않은 것은?

① 사회보험은 노동능력의 상실에 대비한 산업재해보험 · 건강보험과 노동기회의 상실에 대비한 연금보험 · 실업보험으로 크게 구분할 수 있다.
② 사회보험은 개인보험처럼 자유의사에 의해서 가입하는 것은 아니다.
③ 사회보험은 보험료도 개인 · 기업 · 국가가 서로 분담하는 것이 원칙이다.
④ 사회보험의 보험료 부과방식은 위험정도 · 급여수준에 따라 나눠진다.
⑤ 국민연금제도는 1988년 1월부터 시행되었다.

서 원 각
www.goseowon.com